比利臼齿历险记
变形链球菌革命

Anne Sprabery

插图由 Walter Policelli

献给我亲爱的丈夫蒂姆，以及两个孩子奥布里和布兰登，是他们激励我追寻梦想。特别感谢我已故的母亲和我的兄弟斯科特，他们的热情鼓励我永不放弃。

STUDIO OF BOOKS
THE SPACE FOR YOUR MESSAGE

Studio of Books LLC
5900 Balcones Drive Suite 100
Austin, Texas 78731
www.studioofbooks.org
Hotline: (254) 800-1183

订购信息：
公司、协会及其他团体批量购买可享特别折扣。详情请按上述地址联系出版商。
美国印刷。

ISBN-13:   Softcover   978-1-968491-26-0
            Hardcover   978-1-968491-27-7
            eBook   978-1-968491-28-4

国会图书馆控制编号： 2025915443

作者：安妮·斯普拉贝里
书评人：妮可·尤尔卡巴

★★★★★

"比利兴奋地刷着牙，等待着他两分钟计时器的叮叮声。他知道爸爸会在床边等着给他讲故事。爸爸讲的故事总是最棒的。"

在这本有趣的书中，小读者们会认识比利，他的爸爸总是讲最棒的睡前故事。当比利睡着时，他和读者们进入了一个古老的西部世界，在那里遇见了臼齿医生和刷毛队长。他们甚至遇见了牙线镇长，他恳求臼齿医生和刷毛队长帮忙进入木糖醇矿，因为坏细菌就驻扎在矿藏附近。在这场冒险中，读者们将目睹臼齿医生智斗薯片大盗，前往木糖醇矿，并"像没有明天一样"策马奔驰，只为帮助弗洛斯（牙线）镇长和他的小镇。他们也在现场为臼齿医生和刷毛队长帮助小镇击败变形链球菌帮派而欢呼。到书末，读者们不仅和比利、臼齿医生以及刷毛队长经历了一场梦幻般的冒险，还学到了爱护牙齿、绽放笑容的重要一课。

这部作品是一场小读者们会反复重温的冒险。插图和故事情节会激发他们的想象力。像臼齿医生和刷毛队长这样的角色既独特又鼓舞人心，因为他们帮助小读者学会尊重和关爱他人。同时，这些角色在向孩子们传授口腔卫生知识的过程中，也教会他们普遍应有的尊重态度。孩子们了解到刷牙、使用含氟牙膏的重要性，并养成能终生受益的良好习惯。这本书定会让各个年龄段的读者脸上绽放笑容。

您的作品获得了"推荐"评级。

比利白齿历险记
变形链球菌革命

Anne Sprabery

插图由 Walter Policelli

STUDIO OF BOOKS
THE SPACE FOR YOUR MESSAGE

"**比**利，你作业写完了吗？"

"写完啦，"比利说。妈妈站在他浴室门口，确保他准备上床睡觉。

"刷牙别忘了用计时器！"

.比利兴奋地刷着牙，等待着他两分钟计时器的叮叮声。他知道爸爸会在床边等着给他讲故事。爸爸讲的故事总是最棒的。

刷完牙后，比利跳到床上，坐在爸爸旁边，好奇今晚会重温什么样的冒险故事。

比利全神贯注地听着，热切地聆听一个关于古老西部的故事，讲的是一位牛仔发现了一座金矿。

牛仔尽可能多地收集黄金，多到他和他的马驮不动为止。他们计划把黄金全部带到最近的小镇与人们分享，但途中遇到了一些强盗。为了能把黄金带给小镇，他必须打败那些坏蛋。当成功击败强盗后，他作为英雄回到了小镇。

"**好**了，小家伙，"比利爸爸讲完故事后说，"明天你还有重要的事——该睡觉了。愿你的梦像古老的西部一样狂野又刺激！"

"刷毛队长，这家酒馆看起来是个歇脚的好地方。喝点水。我们很快就能再次上路了，"臼齿医生说着，翻身下马。

臼齿医生走到吧台点了一杯牛奶。坐在吧台的牙齿们停止了交谈，看着这个陌生人。

"以前没在咱们镇上见过你啊，"一个壮实的酒保说。他看起来像是个重要人物。"你叫什么名字，小伙子？"

臼齿医生摘下帽子。"先生，我叫臼齿医生。我和我的马——刷毛队长——在你们这座好镇上歇歇脚，然后继续西行。"

酒馆里的人群安静下来。所有的顾客都停下正在做的事，盯着臼齿医生看了一会儿。

"你就是那位在堪萨斯州腭镇打败了变形链球菌帮派的著名臼齿医生吗？"那位壮实的牙齿问道。

"呃——"臼齿医生刚开口就被打断了。

"容我自我介绍一下，"壮实的牙齿说。"我叫登特·弗洛斯（牙线）。我是这个镇的镇长，我们需要你的帮助。"

"**弗**洛斯镇长，我能帮您什么忙？"臼齿医生问。

"我们有理由相信变形链球菌帮派的几个成员正藏在小镇的山里，伺机袭击小镇。"

臼齿医生专注地听着镇长讲述整个故事。

"问题在于，我们无法进入木糖醇矿，获取防御袭击所需的木糖醇晶体。那些坏细菌就驻扎在我们急需进入的矿藏附近。"

弗洛斯镇长讲完故事后，臼齿医生沉默了片刻，在脑海中思考着这个问题。最后，他说："弗洛斯镇长，我和刷毛队长旅途并不匆忙，所以我们很乐意帮助你们这些善良的人们。"

酒馆里的人群兴奋地欢呼起来。有了木糖醇晶体，镇上的牙齿们就能阻止像变形链球菌这样的细菌闯入小镇、攻击他们，然后生病。

酒馆

臼齿医生和镇长握了握手，离开了酒馆。

"好了，刷毛队长，看来在回家之前，我们还得再经历一场冒险。"当臼齿医生跳上马鞍时，刷毛队长嘶鸣了一声。"我们要找到这座矿，把晶体带回给弗洛斯镇长和镇上其他人，拯救这个小镇。我们必须阻止丑陋的变形链球菌帮派。"

臼齿医生和刷毛队长出发了。不知不觉中，他们已经被盯上了。

臼齿医生滑下马鞍，望着山脚下木糖醇矿的入口之一。

"刷毛队长，应该就是这里！他们肯定暂时只派了薯片大盗放哨。趁还没发现他不见了，我们快进去看看！"

LEVEL 0

"我们找到啦！"臼齿医生从山洞里朝刷毛队长喊道。"我们找到木糖醇晶体了！"

当臼齿医生从马鞍上取下鞍囊和他的鹤嘴锄时，刷毛队长兴奋地嘶鸣起来。

"**刷**毛队长，跑得像没有明天一样快吧！"臼齿医生喊道。他们驮着晶体向小镇疾驰，注意到地平线上扬起了一团厚厚的尘土。

臼齿医生骑马穿过主街，在酒馆前停下。他飞快地跳下刷毛队长，冲过木门。

"**我**们找到了！我们有木糖醇晶体了！"臼齿医生宣布道。酒馆里的顾客们欢呼起来，举杯庆祝。"但是……变形链球菌就在我们后面！"

房间里顿时一片寂静。

"弗洛斯镇长，召集镇上所有牙齿到酒馆前准备战斗，最快的方法是什么？"

弗洛斯镇长转向酒保，点了点头。酒保迅速冲出了酒馆。

教堂钟楼的钟声响起，牙齿们聚集在臼齿医生和镇长周围。牙齿们看向臼齿医生，等待指示——他们从未经历过真正的战斗。

"**打**败这帮家伙的唯一方法就是齐心协力。我需要你们分散到各条街道和商店门前，"臼齿医生指示道。"当帮派试图进攻时，我们在各自的位置协同作战，包围他们。"牙齿们照做了，热切地等待着臼齿医生的信号。

当 变形链球菌帮派抵达小镇时，臼齿医生、弗洛斯镇长和牙齿们为了摆脱疾病的束缚，展开了一场史诗般的力量展示。

臼齿医生将他的六发左轮枪瞄准变形链球菌，随心所欲地发射木糖醇晶体，筑起一道屏障包围了细菌，阻止它们攻击人们。

装满氟化物的袋子在街道上空飞舞，击倒细菌，构筑起第二道防护屏障。

受伤的变形链球菌帮派很快便撤退了。人群欢呼起来，变形链球菌再也没有回来。

"臼齿医生，我们该如何感谢您呢？"镇长问道。

臼齿医生骑上刷毛队长，转向弗洛斯镇长。"感谢我的方式，就是永远别让那些肮脏的细菌再踏足你们的小镇。"

臼齿医生挥手道别，骑着刷毛队长消失在落日余晖中。

第二天早上，比利猛地醒来，兴奋地想把梦告诉爸爸妈妈。他已经迫不及待地想听爸爸讲下一个睡前故事了。

如何刷牙和使用牙线

将牙刷的刷毛朝向牙龈呈45度角，轻轻地用刷毛在牙齿的前面和后面做小圆圈状擦洗。千万不要左右横刷牙齿——这对你的牙齿太粗暴了！刷完牙后，取一段牙线，缠绕在手指上固定，然后用牙线在牙齿周围形成一个"C"字形将其包裹住，轻柔地清洁牙齿。

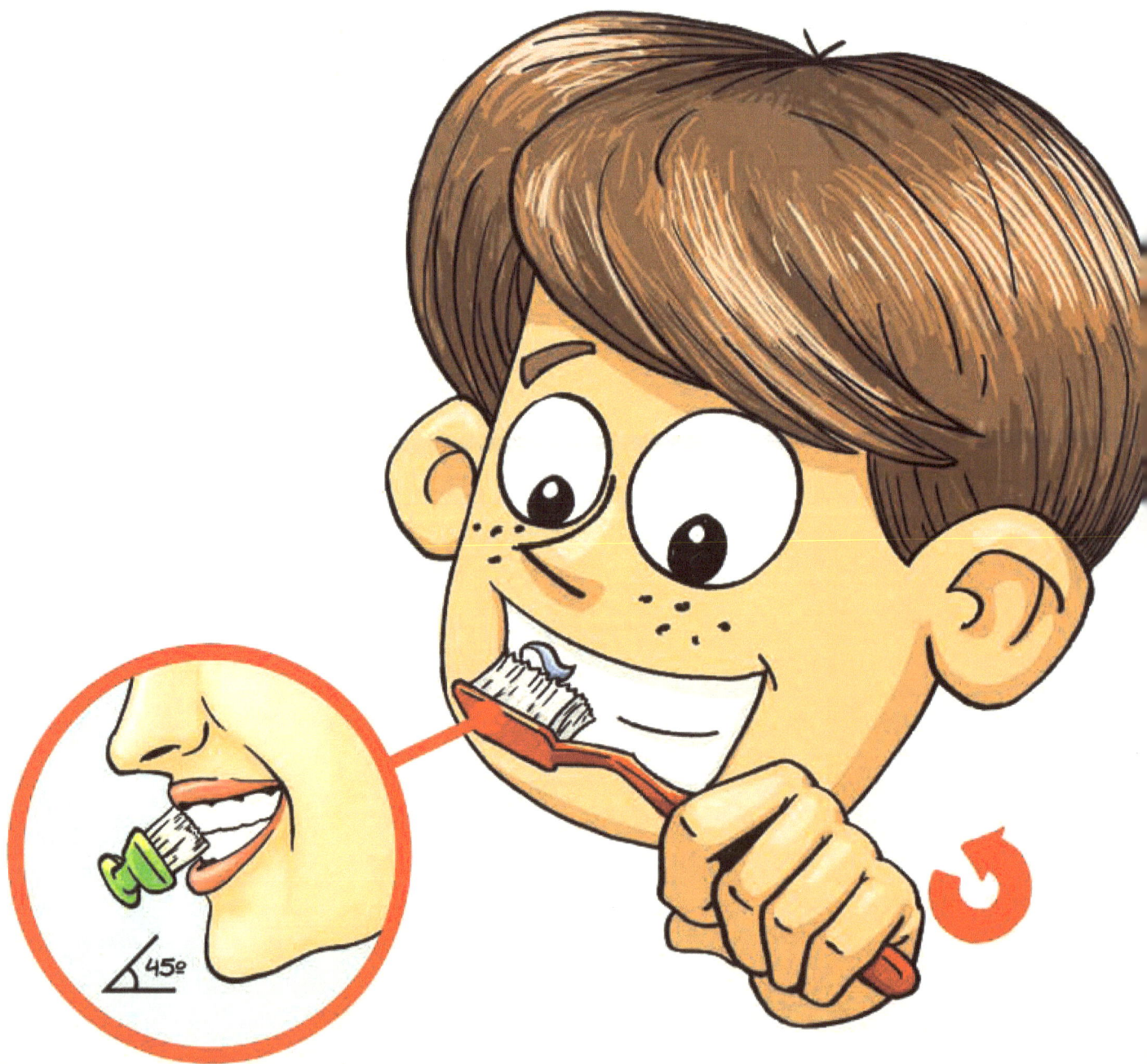

45º

术语表

牙线 (Floss) -- 用于清洁牙刷无法到达的牙齿间隙区域的细线

氟化物 (Fluoride) -- 一种矿物质，有助于破坏细菌产酸的过程，防止蛀牙形成

牛奶 (Milk) -- 含有钙质，可以保护牙齿免受牙龈疾病侵害，并维持颌骨健康。牛奶确实含有乳糖（一种糖分），因此喝牛奶后务必刷牙，以清除牙齿上残留的糖分

臼齿 (Molar) -- 大约六岁时在口腔后部长出的恒牙。用于帮助研磨食物

腭 (Palate) -- 口腔的上壁

变形链球菌 (S. Mutans) -- 从牙齿上的牙菌斑中滋生的细菌，以糖分为食，导致蛀牙形成

牙刷 (Toothbrush) -- 用于承载牙膏，通过以画圈方式轻柔摩擦牙齿所有表面来清洁牙齿的工具

牙膏 (Toothpaste) -- 一种粘稠的液体材料，用于清洁牙齿，帮助去除牙菌斑和其他碎屑

两分钟计时器 (Two-minute timer) -- 清洁所有牙齿所需花费的时间

木糖醇 (Xylitol) -- 一种糖醇，能防止细菌粘附在牙齿上

关于作者

安妮·斯普拉贝里在密西西比州梅里迪安长大，毕业于克赖顿牙科学院。在她的牙医职业生涯中，安妮意识到需要以一种有趣、难忘的方式向公众，尤其是儿童，普及口腔健康知识。她对儿童口腔健康非常感兴趣，并萌生了以积极方式接触人们、分享自己热忱的愿望。安妮目前居住在田纳西州，曾在自己开的私人诊所从事全科牙医工作。不工作时，安妮喜欢旅行，和丈夫一起享受户外活动，并寻找新的冒险经历与家人分享。《比利臼齿历险记：变形链球菌革命》是安妮的第一本儿童读物。